YOLANDA MUÑOZ RUFO

AMOR
EN LA DISTANCIA

Platero
COOLBOOKS

Título: Amor en la distancia
Primera edición: abril, 2024
© 2024, del texto Yolanda Muñoz Rufo.
© 2024, de la edición, maquetación y diseño Platero CoolBooks.
© Platero Editorial S.L.
Glorieta Fernando Quiñones s/n .
Edif. Centris, planta 2, módulo 10. 41940 Tomares (Sevilla)
info@plateroeditorial.es
www.plateroeditorial.es
Diseño de portada: Platero CoolBooks.

Printed in Spain-Impreso en España
ISBN: 978-84-10062-19-1

Poemas dedicado a esos amores que todos tenemos,
a alguien muy especial, a un amigo, a un animal,
o a ese amor virtual que en la distancia está,
que no se sabe cómo nació,
ni tan siquiera si el amor tendrá un principio y un final.
Lo importante es que el amor nació,
y el sentimiento nos llenó el corazón.
Un brindis por el amor, por el que se tuvo, por el que está y
por el que llegará.
Hay que vivir el momento para poder disfrutar de todo lo
que la vida nos da.

ÍNDICE

QUIERO MIRARME EN TUS OJOS

Quiero mirarme en tus ojos
y ver lo que sientes por mí,
tengo celos de la brisa
cuando pasa junto a ti
acariciando tu cuerpo
y entrando dentro de ti.

Quisiera besar tus labios
y embriagarte con mi aroma,
para hacer que te sientas vivo
y me recuerdes junto a tu almohada.

Quisiera entrar en tu mente
para seducirte de amor,
para que me ames como nunca has amado
y me entregues tu corazón.

QUÉ FOTO MÁS SEXI

Qué foto más sexi tienes,
en la que miras al cielo
con esa camisa blanca
deslumbrando, todo bello.

Qué cuello más sexi tienes,
levantando la cabeza
en ese cuello me olvido
hasta perder mi cabeza.

Es hora de quitar cadenas
y colocarme las alas
para gozar de este instante
sin mediar una palabra.

Aquí, solo los besos hablan,
es hora de quitar fantasmas
y la venda de los ojos.

Quiero que seas mío
sin importarme el tiempo,
prefiero recordar una noche vivida
que imaginarte en el tiempo.

CUANDO EL AMOR LLAMA A LA PUERTA

Cuando el amor llama a tu puerta,
no lo dejes escapar,
que la vida es muy corta
y lo más bonito es amar.

Ama todo lo que la vida te da,
llena tu alma de alegría y felicidad,
que no sabemos cuándo terminará
y lo más importante es amar.

Yo no sé cómo expresar,
ni cuánto ni cómo te quiero,
ni lo mucho que te echo de menos.

Mi vida no es vida
si yo a ti no te tengo,
necesito sentir tus brazos,
sentir que me amas.

Rodearte con mis manos
y sentir tu cuerpo a mi lado,
cómo te echo de menos,
¡y cuánto te quiero!

Quiero llenarte de besos
y acurrucarme en tu pecho,
sentir que tus manos me abrazan
y fundirnos en un solo cuerpo.

Mmm, ¡cómo te quiero!
Y ¡cuánto te echo de menos!
Se me hacen muy largos los minutos,
las horas y los días, si yo a ti no te tengo.

SECRETO

Quisiera ser, día a día, ese secreto
que te mueres por contar,
esa locura que, de repente,
te gustaría gritar.

Quisiera ser el motivo
que te produce ese brillo en tus ojos
y que no lo puedes evitar.

Quisiera ser el motivo
de esa sonrisa picarona
que te sale sin ningún motivo,
a cualquier hora.

Quisiera ser tu amuleto
para ayudarte y animarte
a cada paso que das
durante todo tu tiempo.

Quisiera ser alguien
importante en tu vida,
para no quedarme atrás
en tu caminar.

Quisiera ser ese motivo
que en tus días tristes
te produce felicidad.

CARIÑO MÍO

Cariño mío… ¡cuánto te echo de menos!,
¿si tú supieras cuánto te necesito?
Siempre estás ahí, en mi pensamiento.

Me sacas de apuros y me animas luego,
eres mi pañuelo de lágrimas,
eres mi compañero
siempre que te necesito,
siempre te tengo.

Tengo que dar las gracias
a quien te puso en mi camino,
gracias a ti vivo maravillosos momento,
momentos que revivo con mi pensamiento
cuando a ti no te tengo.

Quiero sentirme querida
y quererte yo al mismo tiempo,
es algo muy bonito
y siempre lo llevo en mi pensamiento.

Quiero desahogarme
y perderme con mi cuerpo,
necesito de caricias,
de ternura, de tus besos.

Quiero que seas mío
y amanecer de nuevo,
saboreando con ternura
cada uno de tus besos.

Quiero sonreír contigo,
cada minuto, cada instante,
como si fuera un desafío
el poder amarte.

TENGO EL CORAZÓN ENCOGIDO

Tengo el corazón encogido
sin saber lo que hacer,
porque cada amanecer
añoro el contacto con tu piel.

Tengo el corazón encogido
porque me faltan tus manos
para que acaricie mi cuerpo
cuando esté a tu lado.

Tengo el corazón encogido
porque me faltan tus brazos
para poder acurrucarme
y fundirnos en un abrazo.

Tengo el corazón encogido
cuando me falta tus risas,
cuando mis ojos no ven tu sonrisa.

Tengo el corazón encogido
al faltarme tu mirada,
esa mirada alegre y despreocupada.

Tengo el corazón encogido
sin saber lo que hacer,
esperando el momento
en el que te vuelva a ver.

EN LA SOLEDAD CON MI ALMOHADA

Tus ojos son dos luceros
en los que me puedo mirar,
tus brazos balancines
que me mecen sin parar.

En tus manos yo me apoyo
cuando quiero descansar,
eres todo un imperio
en el que puedo descansar.

Qué color de ojos tienes
que no logro mirar,
son azules como el cielo,
o verdes como el amplio mar,

puede que sean negros o marrones,
no logro poderlos mirar,
pero sean del color que sean,
tú me inspiras serenidad.

En la soledad con mi almohada
yo te siento respirar,
es mi mente que no quiere dejarte atrás.

Te tengo presente en el tiempo
como si juntos pudiésemos estar,
a pesar de esta distancia,
cada día te quiero más.

LA MAGIA DE VIVIR

Que la magia os envuelva,
os dé luz y armonía,

y a ti que me estás leyendo,
que te dé sabiduría

para entender este mundo
lleno de tanta hipocresía,

que la suerte os acompañe,
a lo largo de este día.

Llega la noche,
llegan los sueños,

y ellos me traen tu recuerdo,
las horas pasadas,

los buenos momentos,
me quedé dormida
imaginando tu encuentro.

Abriré los ojos
y veré el amanecer,

le diré el día,
lo maravilloso que es,

me miraré al espejo
y veré lo bonito que es vivir.

TUS OJOS TRISTES

No quiero ver tus ojos tristes,
ni oír tu voz penosa,
los baches por los que pasas
te tienen que hacer más fuerte
y nunca tirar la toalla.

Mira todo lo que tienes
y disfruta de todas esas cosas
que, por pequeñas que sean,
seguro que, para ti,
son las más grandiosas.

No estés triste, que te afea,
y no llores de pena,
solo llora de alegría
por lo que te da la vida.

Quiero ver en tus ojos
el brillo de la felicidad,
que cuando los ojos entristecen
solo dan ganas de llorar.

Sé que es difícil conseguir esto,
pero... ¿qué es fácil en la vida?
Sal a la calle, habla, grita, ríe, corre,
reparte alegría con una sonrisa.

La sonrisa es gratuita,
es lo mejor que puedes dar cada día,
sé optimista y verás
el cambio que tu vida da.

Piensa en todos los que quieres,
en los amigos que hace tiempo que no ves,
piensa en tus hijos, padres, hermanos,
y en tus compañeros también.

Haz un esfuerzo y sé fuerte,
que tú lo puedes conseguir,
haz deporte, pasea, juega,
busca el niño que hay dentro de ti.

Quiero que tu tristeza desaparezca
y que no te aflijas nunca más,
que todas las penas pasan
si uno quiere de verdad.

Sé feliz y sonríe y no estés triste jamás,
que las penas arrugan el alma
y no te dan felicidad.

RAYO DE LUNA

Un rayo de luna me vino a avisar,
que cuando duermes,
en tus sueños siempre está,
la ternura con que me abrazas
y los besos que me das.

La luna se va escondiendo
y la luz del día se vislumbra ya,
un pajarillo en la ventana
canta avisando que el día comenzó ya.

Que hay un sol reluciente
acompañándonos en este lugar,
pajarito que en la ventana cantando estás,
respira hondo y echa a volar,

y si ves a la persona que quiero,
dile que cada día lo quiero más,
que le pienso a todas horas
y que no tarde en regresar.

PARA LOS PEQUES DE MI CASA

Siempre estáis en mi cabeza,
a todas horas del día,
no pasa un momento
sin que os recuerde, vidas mías.

Hay una nana que canto
a ciertas horas del día,
una nana muy bonita
que me llena de alegría,
que me recuerda momentos
que viví en su día.

Mis niños, sois ese rayo de luz,
que lleno, mi corazón,
me muero por veros,
por teneros.

Cómo os quiero
y cómo os echo de menos,
sois mis niños,
mis reyes, la luz que ilumina mi vida.

Sois el mejor regalo, el más bonito
que nunca me han dado,
sois mis nietos,
lo mejor que me ha pasado.

¿CÓMO PODER CONQUISTARTE?

¿Cómo poder conquistarte?
Si hay mujeres mejor que yo,
yo solo puedo ofrecerte
mi tiempo y todo mi amor.

¿Cómo poder conquistarte?
Si el tiempo se me agota
y solo consigo tenerte
durante unas horas.

¿Cómo poder conquistarte?
Si la distancia nos separa,
tú tienes tu mundo hecho
y el mío a mí me ahoga.

¿Cómo poder conquistarte?
En esta vida que se apaga,
que no consigo yo verte
ni en la noche ni en la mañana.

¿Cómo poder conquistarte?
Para tener tu compañía,
que seas mi compañero
en el tiempo que nos queda.

¿Cómo poder conquistarte?
Para ayudarte y protegerte
en esas noches tan largas,
y pasear de la mano
en cualquier lugar, en cualquier parte.

¿Cómo poder conquistarte?
Ya no tengo palabras,
solo tengo el sentimiento
de amor en cada uno de mis pasos.

REGUERO DE LÁGRIMAS

Un reguero de lágrimas
corre por las mejillas,
sin que nadie las llame
salen a octavillas.

Te imagino triste y desolada,
intentando recordar
y preguntándote ¿por qué te abandonó?
¿Por qué te dejó?
Frío como el hielo se marchó,
sin una palabra, sin un adiós.

Cerrando los ojos y la boca para siempre,
y sin ningún tipo de dolor
te refugias en las fotos,
en momentos pasados,
se llenan tus ojos de lágrimas
al encontrar unas cartas.

Cartas que te escribía en unas noches lejanas,
saladas salen las lágrimas
que no te dejan ver nada,
resbalando por tus mejillas sonrojadas,
pensando ¿por qué se marchó?

¿Por qué es tan injusta esta vida?,
¿por qué te deja este dolor?
Sé que estás pasando un gran momento de pena
por no poder hacer nada.

Te quedaste sin su sonrisa, sin sus palabras,
sin que ya nunca pueda abrazarte,
sin poder apoyar tu cabeza en su pecho,
sin poder besarle, ni acariciarle,
solo te quedan los sueños…, para poder abrazarle.

EL HECHIZO

Quisiera ser hechicera
para conseguir tu amor por completo,
nunca te haré daño,
porque por tu amor me muero.

Nos separan muchas cosas,
y por eso yo me apeno,
qué cruel es mi destino
que no me da lo que yo deseo.

Deseo…, tus besos, tus brazos, tus caricias y ternura,
deseo estar contigo a solas
para construir bonitos momentos,
para abrazarnos con fuerza
y demostrarte lo que yo siento.

Quiero que me hagas tuya,
aunque solo sea por un momento,
no quiero que te sientas preso,
solo quiero que me recuerdes.

Que recuerdes mis caricias,
mis abrazos y besos,
que recuerdes esos momentos
en los que nos fundimos
a fuego lento.

Quiero que sepas que eres lo que yo más quiero,
no sé si es pasión, amor, o solo me tienes cariño,
pero lo que sí que sé
es que, en algún momento, deseas mi cuerpo.

Está todo muy complicado,
por la distancia y el tiempo,
la distancia que nos separa
y el tiempo que no tenemos.

Quiero que seas libre
y que se cumplan todos tus sueños,
yo te mentiría si te dijera
que no quiero estar en tus sueños,
porque mi felicidad comienza
cuando yo a ti te tengo.

DIME QUE ME QUIERES

Tú, dime que me quieres,
aunque sea mentira,
para no perder la esperanza
de que algún día tú me quieras.

Tú, dime que me quieres,
aunque sea mentira,
yo estaré esperando
con la ilusión de una niña
que cree en las hadas y en historias escritas.

Tú, dime que me quieres,
aunque sea mentira,
que mis ojos están ciegos
y mi corazón te anhela.

Tú, dime que me quieres,
aunque sea mentira
y yo tendré el consuelo
de que algún día tú me quieras.

DESEO DORMIR CONTIGO

Deseo dormir contigo
para sentir tu cuerpo,
para llenarte de caricias y besos,
para desnudarte despacio,
con calma, y arroparte con mi cuerpo.

Sentir las vibraciones
y que se te erice el vello,
quiero que seas mío por una noche
y disfrutar contigo de ese momento.

Amanecer contigo
y abrazarte de nuevo,
sin pensar en el mañana,
solo vivir el momento.

Esta experiencia vivida
la quiero repetir por mucho tiempo,
quiero amarte despacio, con ternura,
saborear tu boca y embriagarme con tu cuerpo.

Quiero que te excites
al tenerme en tu pensamiento,
recordando los momento vividos
cuando acaricio tu cuerpo.

LAS LETRAS

Aquí sentada, viendo cómo pasa el tiempo,
cómo pasan las horas,
me pongo a pensar.

En este momento que me hace recapacitar,
¿el porqué de estas líneas?,
¿el porqué el teclear de las letras?

Escribo palabras sin cesar,
palabras que me vienen a la cabeza
y me gusta relatar.

Hay días…, que me pongo delante de las teclas
y escribo sin parar,
y otros, que por más que miro las letras,
no se me ocurre nada que contar.

Qué rara que es la mente,
las cosas salen cuando quieren,
no se preparan, solo salen.

Estos dedos a los que les gusta bailar
con las letras del teclado,
y que no se cansan, solo quieren bailar.

Al mismo tiempo,
la mente les va dictando
lo que tienen que bailar.

Es maravilloso sentarte
y ponerte a escribir,
sabes cómo se empieza,
pero nunca sabes el fin.

Qué bonita y bella puede ser la imaginación,
de ella salen cuentos bellos,
leyendas, amor,
también salen narraciones terribles,
desamores y reyertas,
todo lo que se pueda imaginar.

La imaginación es única,
es como otra vida
que te inventas con cada palabra
que sale de ella.

Puedes hacer que quien lea los relatos,
vuele a mundos insólitos
que ría, que se intrigue
y hasta que llore.

Esta es la fantasía de las letras,
la que mueve los corazones,
la que te enamora,
la que te engancha,
la que tus ojos no pueden dejar de leer.

Esta es la imaginación de los escritores,
personas que narran
para que tú puedas leer todas esas ilusiones.

¡ANHELO!

Deseo sentir tus manos
acariciando mi cuerpo.

Perderme entre tus brazos
dejando libres mis sentimientos.

Deseo saborear tus labios
y sentir la excitación de tu cuerpo.

Fundirme como el hierro
con el calor de tu cuerpo.

Embriagarme con tus labios
y saborear tu boca.

Me gustaría amanecer contigo
sobre las sábanas blancas.

Desearía perderme entre tus brazos,
sentir con anhelo que no solo deseas mi cuerpo.

Que me amas con locura
y que quieres compartir tu tiempo.

AMANTES

El amor ha nacido dentro de tu corazón,
se siente atraído a alguien
que en tu camino se cruzó.

Siente algo diferente
que te hace sentir bien,
pasan las horas y
no quieres que el momento llegue a su fin.

Cuando estáis juntos
todo parece marchar bien,
las caricias llegan tímidas
hasta tocar la piel.

Las manos se entrelazan
formando una mínima unión,
que termina con un beso
lleno de mucha pasión.

Un beso suave y tierno
que llega al corazón,
los cuerpos abrazados
sienten el calor
y el aroma que desprende esa pasión.

Qué bonito es sentirse amado,
querido y hasta mimado.
Son sentimientos
que nunca pueden ser forzados.

Sentados uno junto al otro,
miran las estrellas brillar,
piden un deseo en silencio
a la estrella que brilla más.

Qué momentos más bonitos,
se siente muchísima paz,
quieren que ese momento
no se desvanezca jamás.

ESE HOMBRE

Deseo un hombre que me abrace,
que me bese el corazón,
que me coja de la mano
y me entregue su amor.

Deseo un compañero
que me sepa valorar,
que disfrute de mi presencia
y que no me suelte jamás.

Deseo un hombre que me ame,
que me dé todo su amor,
que me coja entre sus manos
y me abrace con pasión.

Que haga el amor conmigo
a todas las horas del día,
con los ojos, las miradas,
con palabras escogidas.

Deseo un hombre
que me haga sentir amada
a todas las horas del día.

Deseo tener un hombre
para compartir la vida,
para hacernos compañía
en esas noches de invierno frías.

Deseo que el amor florezca,
igual que florece una flor,
para yo poder regarlo
y darle todo mi amor.

TE VOLVERÉ A VER

¡No puedo conciliar el sueño,
es imposible dormir!
Pensando que pronto te volveré a ver.

Cierro los ojos para poder dormir,
pero después los abro
porque no consigo dormir.

Me imagino tu cara,
tu sonrisa y hasta tus palabras,
¡cómo te echo de menos
cada segundo que pasa!

Mañana un nuevo día traerá,
con su sol reluciente
que por el horizonte asomará.

Las estrellas se desvanecen,
las sombras desaparecen
para dar paso al día que está por llegar.

Los pájaros despiertan,
con sus cantos y sus vuelos
el amanecer dibuja paisajes
como si se tratase de un lienzo.

Poco a poco,
la claridad del día
se hace fuerte
y por las ventanas de la alcoba
la claridad del sol se mete.

¡Ya es de día!
Y nos tenemos que levantar,
que por la noche no hay sueño
y por la mañana cuesta despertar.

Vamos a vivir este día
como si se tratase
del último día de nuestras vidas.

Ya es el día, el día esperado,
el día en el que mi deseo se cumple
al estar de nuevo a tu lado.

YO TE NECESITO

Cuánto te anhelo,
no sé cómo expresar
ni cuánto ni cómo te anhelo,
ni lo mucho que te echo de menos.

Mi vida no es vida si yo a ti no te tengo.
Necesito sentir tus brazos,
sentir que me amas, rodearte con mis manos,
sentir tu cuerpo a mi lado.

¡Cómo te echo de menos,
y cuánto te quiero!
Quiero llenarte de besos
y acurrucarme en tu pecho.

Sentir que tus manos me abrazan
fundiéndonos en una sola piel,
que nuestros labios se encuentren
una y otra vez.

Mmm, ¡cómo te quiero
y cuánto te echo de menos!
Se me hacen muy largos
los minutos si yo a ti no te tengo.

AMIGA DE CUATRO PATAS

Mi perrita encantadora,
que me mira sin parar,
ella me avisa de todo,
en todo momento y en todo lugar.

No puede verme triste,
y me anima para jugar,
qué haría yo sin ella,
con la alegría que me da.

Emi, amiga mía,
que me acompañas cada día,
viajamos juntas en el tiempo
hasta quedar sin aliento.

Solo te falta hablar,
porque entender lo entiendes todo,
sabes a quién aceptar,
y a quién ladrar de cualquier modo.

Tú tienes un buen instinto
y conoces a las personas,
yo tengo mucho que aprender
para que no me la den con soda.

Emi arrebatadora,
que me has robado el corazón,
tú me acompañas
alegrando cada rincón.

Es mi compañera de viaje,
la que me anima,
la que me da calor,
a ella le cuento mis penas,
mis alegrías y hasta mi ilusión.

Emi está siempre cerca,
mi gran amiga, mi gran primor,
en ella busco las fuerzas
para seguir caminando
acompañada y sin temor.

Es mi mejor aliada,
en mis noches de desvelo
ella siempre está conmigo
para darme su compañía y cariño.

TE ECHO DE MENOS

¡Amigo mío, cuánto te echo de menos!
¿Si tú supieras cuánto te necesito?
Siempre estás ahí,
en mi pensamiento.

Para sacarme de apuros
y animarme luego,
eres mi pañuelo de lágrimas,
casi mi compañero,
siempre que te necesito,
siempre te tengo.

Tengo que dar las gracias
a quien te puso en mi camino,
gracias a ti he vivido momentos bonitos,
y no quiero que esos momentos
se echen en olvido.

Necesito revivirlos y estar un rato contigo,
quiero ser feliz por un momento,
olvidarme de prejuicios,
olvidarme de todo
lo que me impide ser feliz por completo.

Quiero sentirme querida,
y querer yo al mismo tiempo,
es algo difícil,
pero quiero hacer el intento.

Necesito desahogarme
y perderme con mi cuerpo,
necesito de caricias,
de ternura y de besos.

Deseo ser otra persona
y amanecer de nuevo
saboreando con ternura
cada uno de tus besos.

NO AL MALTRATO

¿Qué tal te sientes hoy?
Libre de tu enemigo
ya estás, a salvo y a solas,
puedes recordar los hechos.

Deja atrás los sufrimientos
y vive este momento.
No dejes que te maltraten,
que nadie tiene derecho
a levantar la mano a nadie,
ni a insultar por despecho.

Denuncia a ese cobarde
que se esconde bajo techo,
haciendo creer que es un encanto,
pero tiene el demonio dentro.

Ya eres libre y estás lejos de ese cobarde,
libre para ser feliz,
para dejar la angustia y el miedo,
eres fuerte y muy valiente,
y te mereces todo lo bueno,
la vida te recompensará
de esos malos momentos.

Ya pasó todo el calvario,
y tienes que comenzar de nuevo,
tienes que seguir adelante,
rehacer tu vida sola o con alguien,
pero que en todo momento
te demuestre cariño y respeto.

La decisión es tuya
para decidir tu destino,
sé feliz como tú quieras,
pero vive, amiga mía,
sin ningún miedo.

OJOS PROFUNDOS

Si yo pudiera mirar,
esos profundos ojos,
llenos de vida
y encanto.

Esos ojos de mil colores
que me embrujan
y me pierden.

Yo quiero mirar en ellos,
atravesar su mente
para saber lo que realmente siente.

Quiero recorrer su cara
para impregnarme de su aroma,
el aroma que desprende
mientras plácidamente duerme.

Acaricio tus ojos, tus labios, tu pelo,
acaricio poco a poco todo tu cuerpo,
la felicidad es plena, me lleno de paz,
de dulzura y me pierdo.

ESPÉRAME EN EL CIELO

Nuestros ojos se cruzaron,
salieron chispas de emoción,
tus brazos me rodearon
dándome tu calor.

Mi cuerpo tiembla
al sentir tus manos
acariciándome toda.

Nuestros labios se juntaron
frutos de la pasión,
una pasión sin freno
y sin ningún pudor.

Aquí estás, a mi lado
dándome todo tu amor.
Este amor interminable
que pasará a la otra vida
sin ninguna decepción.

Si tú te marchas antes,
y aquí me quedo yo,
no lo dudes y...

Espérame en el cielo
con los brazos abiertos,
subiré en una estrella
hasta llegar a tu encuentro.

Espérame en el cielo
con los brazos abiertos,
que deseo que me abraces
cuando llegue a tu encuentro.

QUIERO SER NIÑA

Quién pudiera ser niña
para poder soñar
que las hadas existen
y que se puede volar.

Volar con grandes alas
recorriendo un lindo lugar,
un lugar con magia,
con lindos colores
donde se respire paz.

Recorrer volando el mundo
de aquí para allá,
sin importar el tiempo,
tampoco el lugar.

Quién pudiera ser niña
para poder soñar,
volando a lo más alto
sintiendo la libertad.

Vuelo entre algodones
y veo la vida pasar,
igual que pasa el viento
en silencio y sin verlo jamás.

Solo notas su presencia
cuando te acaricia al pasar,
alborotando tu pelo
dándole libertad.

Vamos perdiendo los días
sin darnos cuenta
de que estos no volverán.

No sé qué hacer con mi vida,
no sé qué camino tomar.
Tome el camino que tome,
en mi vida quiero felicidad.

LA NAVIDAD SIN TI

La Navidad ya casi que está aquí,
y siento tu presencia
como si fueras esa suave brisa
que acaricia mi cuerpo al pasar.

Puedo imaginar tu risa
y el sonido de tus palabras,
las bromas que gastabas
en estas fechas señaladas.

Recuerdo los momentos que viví a tu lado
cuando nos conocimos,
cuando nos casamos,
cuando llegaron los hijos y nietos.

Qué felicidad más grande
la que la vida me arrebató,
ya estábamos de nuevo solos
para disfrutar de nuestro amor.

La vida a tu lado pasó con alegrías,
con alguna pelea,
con épocas buenas y malas,
pero juntos supimos superarlas.

Este año la Navidad no será igual,
habrá un vacío muy grande,
tu silla estará vacía,
al igual que mi corazón.

Tu cuerpo cansado partió,
pero nos dejaste tu alma,
esa que vela por todos nosotros
cuando nos hace falta.

Puedo sentir que me abrazas
en estas noches de invierno,
y mi corazón dolorido
siente calma en ese momento.

CONEXIÓN

Cuando llega la noche
te sueño en silencio,
no quiero despertar a nadie
para que no vean mi sueño.

Cariño, me perteneces,
y nunca dejaré de quererte,
te amaré en silencio
cada noche.

Esos ojos azules
que penetran en los míos,
brillantes como el cielo
piérdome siempre en ellos.

¿Qué será de nosotros?
Sin la libertad que tienes
de aparecer en silencio,
cuando nadie te espera,
apareces en mi sueño.

Tu amistad es muy grande
y nunca la perderemos,
eres mi amigo del alma,
eres mi compañero.

Cierra los ojos y sueña,
que la luna con su luz te vela,
para que sueñes con esos momentos
que juntos hemos vivido.

Llega la madrugada
y es hora de despertar,
y con el canto de un pájaro
mi sueño echo a volar.

MI OXÍGENO

Una burbuja de oxígeno
eres tú cuando me hablas.

Veo tu semblante con atención,
tu mirada es dulce,
llena de amor.

Tus palabras
me llegan al corazón
cuando mantenemos
una conversación.

Tus manos firmes
las veo temblar
cuando rozan las mías
al pasear.

Estos sentimientos
son pura amistad,
y no hay motivo
para dudar.

Es una amistad
llena de amor,
que nada ni nadie
nos la podrá quitar.

PESE A LA DISTANCIA

Pese a la distancia,
nunca te olvido,
te veo en sueños
y hablo contigo.

El destino quiso
ponerte en mi camino
para enseñarme esas cosas
que creí haber perdido.

Nunca imaginé
ser como soy hoy,
y todo te lo debo a ti.

Me enseñaste lo bueno
y lo malo de la vida,
y por ello te estoy agradecida.

Me ayudaste en todo lo que te pedí,
nunca me fallaste
cuando te necesité.

Por eso eres tan especial,
y el amor que yo te tengo
nunca se apagará,
y mi cariño tú siempre lo tendrás.

PIDO AL CIELO

Pido al cielo enamorarme de unos ojos penetrantes
que me envuelvan en la noche,
que me digan que me aman
sin tener que decir una palabra.

Pido al cielo enamorarme de alguien con corazón puro,
con nobleza en sus actos,
que sepa pedir perdón y dar las gracias.

Pido al cielo enamorarme de esa sonrisa
tan contagiosa que te atrapa,
del buen humor que se transmite mientras habla.

Pido al cielo enamorarme de las palabras,
de los hechos, de una persona fiel y amable
que sepa el valor de la palabra «te quiero».

Pido al cielo enamorarme de una persona
sin necesidad de utilizar los ojos,
sin importar si es guapo o feo, alto o bajo.

No quiero enamorarme de un cuerpo,
el cuerpo pierde valor, se estropea, se arruga,
yo quiero lo que hay en el interior,
eso que no tiene precio y sale del corazón.

Pido enamorarme de esa persona especial,
que sienta orgullo de estar a mi lado,
que me quiera con toda su alma,
que desee compartir la vida a mi lado.

LA PANDEMIA

Amanece un nuevo día
entre sombras y angustias,
otro día encerrados,
otro día en penumbras.

Saliendo a los balcones
a saludar al vecino,
es tu única salida,
día a día estás cautivo.

Ahora hasta le preguntas,
¿cómo te va en tu casa?,
antes al vecino no lo veías,
y puede que ni le saludaras.

Pero, ¡ay, amigo!
cómo cambia el cuento,
ahora, con esta pandemia, es tu salvavidas,
y casi ya un buen amigo.

Puede que la pandemia
sirva para valorar más las cosas,
para ver lo que realmente cuenta,
que son las personas, no las cosas.

Es una lección que la vida nos da,
ahora echamos de menos
el estar con la familia, con los amigos,
el dar un beso o un buen abrazo.

A ver si esto pasa pronto
y podemos salir del encierro,
que las personas necesitan pasear
y tomar aire fresco.

Ya no hay nada por hacer,
ya está todo recogido,
ya hemos hablado
hasta con nosotros mismos.

Ya no sabemos qué hacer,
la tele es un aburrimiento,
los libros que teníamos
ya los hemos leído.

Solo nos queda esperar
a que vengan nuevos tiempos,
que encuentren remedio para este virus
y nos dejen salir de este encierro.

Muchos son los fallecidos
a causa de este maldito virus,
otros han tenido más suerte,
pero ya todo es distinto.

Esperemos poder recuperar
todo lo que el virus nos está quitando,
y poder mirar un futuro
con salud, libertad y mucho ánimo.

QUÉDATE EN CASA

¿Quién diría que la primavera está aquí?
El cielo está triste como nuestros corazones,
no podemos salir a la calle
y estamos llenos de preocupaciones.

Este virus nos está matando,
sin mirar quién eres,
si tienes dinero o no lo tienes,
ya no mueren solo ancianos,
los demás también se mueren.

Los hospitales están llenos,
no saben a quién atender,
respiradores no tienen
y muchos tienen que morir.

Esta etapa de la vida
que nos hace valorar
el precio que tiene un beso
y un achuchón de verdad.

Poder ver a la familia
y con los vecinos charlar
sin tener que llevar una máscara,
ni unos guantes para poder tocar.

Esta pandemia maldita,
que no tiene descanso alguno,
se lleva a ricos y pobres,
ancianos y jóvenes, nadie está a salvo.

Quédate en casa, amigo,
ya habrá tiempo para salir,
a ver si matamos al bicho
y podemos volver a vivir.

DESEO

Deseo desnudarte el alma
para poder amarte
como nadie lo ha hecho antes.

Deseo desnudarte por dentro
para curar tus heridas,
tus dudas, tus miedos.

Deseo desnudarte el alma
para hacerte gozar,
tan solo con mi recuerdo.

Deseo que te desnudes ante mí
como nunca antes lo has hecho,
sin pudor alguno contar tus secretos.

Deseo conocer tu alma
para disfrutar luego
de tu risa, de tu gozo, de tu sueño.

Deseo pasar buenos momentos,
esos que hacen gozar al cuerpo
cubriéndolo de besos y caricias por completo.

Deseo que se te erice la piel,
palmo a palmo al paso de mis labios
por todo tu cuerpo.

Deseo volverte loco durante un momento,
que te olvides de todo,
que solo te acuerdes de mis besos.

Voy hacerte mío, tan solo un momento
para que recuerdes mi paso
durante todo tu tiempo.

Deseo verte, quiero sentir tu presencia,
quiero acariciarte y besar tu alma,
fundirme en tu cuerpo lleno de deseo
y no pedir nada.

Llenar tu cuerpo de caricias,
besos y ternura,
quiero que se estremezca tu cuerpo
al sentir estas palabras.

Volverte loco de deseo
acariciando tu alma
es lo que deseo hoy
para cuidarte mañana.

LLEGÓ EL OTOÑO

Ya está aquí el otoño
caprichoso y traicionero,
los árboles cambian sus hojas
bajo el amplio azul del cielo.

Días de lluvia y viento
es lo que nos trae este tiempo
donde dormimos arropados
hasta el último cabello.

Te veo dormido
como si fueras un niño,
quiero que cuando despiertes
me tengas en tu pensamiento.

Que sueñes conmigo
y pierdas la noción del tiempo.
Respiro hondo y te abrazo,
quiero sentir tu cuerpo.

Quiero acurrucarme
junto a tu pecho,
acariciar tu cuerpo
hasta que me rinda el sueño.

Qué bien se está a tu lado
en estas noches de frío y viento,
parece que se han aliado
para juntar nuestros cuerpos.

Quiero estar contigo y respirar,
te miro a los ojos sin pensar,
nuestras miradas se cruzan
sin parpadear.

Quiero fundirme contigo
como jamás has soñado,
acariciando tu cuerpo
hasta quedar dormida a tu lado.

NOCHES DE LUNA LLENA

Hay noches de luna llena,
y soñamos casi despiertos
sueños de pasiones claras
que vivimos como a fuego.

El fuego de la pasión
que entre tus manos se siente,
el cuerpo va recordando todo
lo que por él sientes.

Me estremezco entre tus manos
llenas de ternura y pasión,
tus labios acompañan
con besos llenos de amor.

Hoy es noche de luna llena
y nos alumbra con su luz,
alimentándonos esta noche
con ternura y pasión.

NO PIERDAS TU DIGNIDAD

Hay vidas oscuras
que se hunden sin pensar…,
que donde se están metiendo
no les lleva a ningún lugar,
pensando que lo que hacen
les saca de sus tristezas,
de sus problemas…,
o que les da felicidad.

Nada de esto es cierto
y se están construyendo su propio mal,
cuando se den cuenta
estarán atrapados
en un mundo irreal,
lleno de fantasía,
de trampas y de maldad.

Se quedarán sin su autoestima,
sin su libertad,
se convertirán en muñecos
que otros manipulan con facilidad,
algunos pierden hasta su propia vida
en una triste soledad.

Me gustaría que no se hundiesen demasiado
y que saliesen sin dificultad,
porque la vida es dura
y hay que afrontarla
con valentía,
autoestima y libertad.

Libertad de saber en cada momento
lo que haces sin vacilar,
y estar orgulloso de lo que haces
para salir de ese hoyo en que entraste,
sabiendo que con esfuerzo lo conseguirás.

Están arropados por los seres queridos,
porque seas como seas,
siempre a tu lado ellos estarán,
piensa un poco, recapacita,
y sal de esa tempestad.

NO SÉ EXPLICAR

No sé explicar lo que siento
cuando te tengo a mi lado,
sintiendo que estás cerca
cogiéndome la mano.

No sé cómo empezó lo nuestro,
pero me alegro de ese encuentro,
este destino nos unió
y hace que entres poco a poco en mi corazón.

Dulces caricias al despertar
recorriendo mi cuerpo una vez más,
dulces besos de pasión
que me hacen vivir con ilusión.

Dulce amanecer temprano
que al abrir los ojos te encuentro a mi lado,
fundirnos en un abrazo
y sentir que estás a mi lado

Noches de sueños cumplidos
de deseos y cariño,
las noches y días contigo
me hacen sentir que no estoy sola,
que estoy viviendo.

Momentos de felicidad,
ahora que te estoy sintiendo,
siento el sonido de tu respiración
y el fuego de tu cuerpo,
cuando estás a mi alrededor
me siento segura y enciendes mi ilusión

Me encanta recorrer tu cuerpo
palmo a palmo, beso a beso,
las caricias llegan solas
y el placer es inmenso,
me cubres con tus brazos y me das un beso.

Mmm… Cómo te echo de menos
cuando me alejo de ti,
pienso en ti en todo momento
y deseo hacerte feliz.